David Hünlin

Anmerkungen über die Geschichte der Reichsstädte

Vornemlich der Schwäbischen von ihrer ursprünglichen Beschaffenheit, Regimentsverfassung ihren öftern Bündnissen und der dadurch erlangten Macht im römischen Reiche

David Hünlin

Anmerkungen über die Geschichte der Reichsstädte

Vornemlich der Schwäbischen von ihrer ursprünglichen Beschaffenheit, Regimentsverfassung ihren öftern Bündnissen und der dadurch erlangten Macht im römischen Reiche

ISBN/EAN: 9783743412507

Hergestellt in Europa, USA, Kanada, Australien, Japan

Cover: Foto ©ninafisch / pixelio.de

Weitere Bücher finden Sie auf **www.hansebooks.com**

wegen abfassende Schlüsse zu einer ununterbrochenen gemeinschaftlichen Beobachtung zu bringen seyen.

Wann diejenige die uns jetzo stolz auf ihre Vorzüge in den Wissenschaften und der Industrie, so beschämende Vorwürffe über unsere geringe Geschicklichkeiten und Einsichten machen, alles dieses reiflich überlegen wollten, so dörften sie uns villeicht wo nicht ganz entschuldigen doch milder von uns urtheilen, und sich villeicht wundern, daß bey dem übrigen Verfall der Industrie und Gewerbe die Wissenschaften sich doch noch so weit unter uns erhalten haben, als wirklich geschehen ist.

Man wird uns zwar einwenden, daß der gedachte Mangel der Industrie gleichwohl nicht soviel auf die für uns etwas nachtheilige Landesverfassung als auf unserm eigenen Unfleiß beruhe, und daß unsere Bürger bey ihrer unmittelbahren Reichsfreyheit gleichwohl nicht thäten, was sie für sich selbst vernünftiger weise zur Aufnahme der Städte thun könnten und sollten. Wann dieses geschehen würde, so wäre von den patriotischen Gesinnungen der übrigen hohen und löblichen Stände mit gutem Grunde zu hoffen und zu erwarten, wann sie die vortheilhafte und gute Wirkungen ihrer Anstalten bemerkten, sie die gleiche Verfügungen bey ihnen gleichmässig treffen, und also mit gesammter Hand an der Aufnahme des Landes um so mehr arbeiten würden, als solches zu ihrem selbst eigenen Vortheil mit gereichte. So lange aber dieses nicht geschähe, wären jene, die sich in nicht so bedrängten Umständen befänden, so gar nicht zu verdenken ⸸ wann sie die Hände zu andern

An-

Anstalten eher bey hülflich nicht biethen wollten, biß sie ihre vortheilhafte Folgen aus der Erfahrung ihrer benachbahrten Mitstände erkandt hätten. Der Einwurff, daß die Städte an und vor sich allein weder ihre noch des gesammten Landes Aufnahme ohne gemeinschaftliche samtlich hoch und löblicher Stände bewirken könnten, wäre also unerheblich, und der Verfall der Gewerbe vielmehr unseren Bürgern selbst zuzuschreiben, die volle Macht und Freyheiten in den Städten hätten zu ihrer Auffnahme solche Anstallten zu treffen, als es die Umstände unsers Landes erheischten. Ob nun wohl auf diese Antwort eben nicht so gar viel zu erwiedern seyn dörfte, so möchte doch noch immer die Frage an unsere Verächter statt finden, ob sie unter den gleichen Umständen für ihre Aufnahme eine grössere Thätigkeit möchten geäussert haben?

Es ist in dessen nicht zu leugnen, daß wann unsere Kauffleute sich durch manche der vorbesagten Schwierigkeiten nicht so sehr hätten abschröcken lassen, und aus eigenem Trieb mehr für die Erhaltung und Aufnahme der vatterländischen Gewerbe mit vereinigten Einsichten und Kräften gesorget hätten, sie auch von den hoch und löblichen Ständen unsers Kreises um so gewisser eine erwünschte Unterstützung würden erhalten haben, als sie ihnen höchster Orten preißwürdigst selbst angebotten, und das gesammte Landesbeste gar beträchtlich dadurch wäre mit befördert worden.

Wir müssen hier abermahlen gutentheils nur unsern eigenen Kaltsinn anklagen, und daß die zu der-

dergleichen Anstalten nöthige Wissenschaften so gar wenig unter uns bekandt sind und angebauet werden; dann sonst fehlt es unsern Handelsleuten an dem nöthigen Kauffmannsgeiste nicht, wann sie in das rechte Gleiß kommen, selben gebrauchen und anwenden zu können; wie davon so viele ansehnliche Handlungen zeugen, die manche Bürger unserer Reichsstädte auf verschiedenen der vornehmsten europäischen Handelsplätzen mit dem besten Erfolg in den ältern und neuern Zeiten angelegt haben.

Allein die Anlegung einer neuen Landes Industrie erfordert Einsichten und Wissenschaften, die sich durch eigene Speculation selten erwerben lassen, und die durch den bißherigen gewöhnlichen öffentlichen Unterricht nicht erlangt werden könnten; wann man alles dieses mit den Schwierigkeiten in Erwägung ziehet, die man bey einer Landesverfassung, wie die unsrige ist, für unüberwindlich hält, so wird die Befremdung vermuthlich grossen theils verschwinden, warum bißhero in unsern Reichsstädten zur Verbesserung der Commercien so gar wenig oder nichts unternommen und ausgeführt worden ist. Man hielt und hält noch die Wiederherstellung der Industrie unserer Vorfahrer, wie solche vor ein paar Jahrhundert gewesen, vor unmöglich, die so groß war, daß wann sie aus ihren Gräbern wieder hervor kommen und den fast gänzlichen Verlust derselben ansehen sollten, sie kaum glauben würden, daß dieses noch ihr Vatterland wäre. Wir reden hier nicht von dem Abgang derjenigen Gewerbe, die wir nach Entdeckung der neuen Welt eingebüsset, und die wir nicht erhalten konnten, weil es nicht in unserer Macht stund solche fortzusetzen, sondern dißfahls unser Schicksaal mit andern Ländern, die das gleiche Verhängnis traff, theilen mußten; sondern von denjenigen, die fast allein von unsern eigenen Landesproducten, und unserer eigenen Industrie herrührten, und die uns von andern nicht auf die gleiche Weise hätte entrissen werden können, wann man nach Veränderung der Zeiten und Umstände und des Gebrauchs für die Erhaltung der alten Industrie so viel Mühe angewendet hätte, als unsere Vorfahren für die erste Einführung derselben; wir rechnen darunter vorzüglich den Leinwand und Barchetgewerb. Dann obwohl in denselben von einer Zeit zur andern grosse Veränderungen vorgegangen, und neue Arten eingeführt worden seyn mögen, so hätten doch diese bey guten Anstalten mit ungleich leichterer Mühe nachgeahmt werden können, als die neue Einführung derselben jetziger Zeit möglich ist, die bey nahe eine neue Umschaffung unserer noch sehr wenig übrig gebliebenen Industrie erfordert.

Eine solche Unternehmung hat freylich in einem Lande von unserer Verfassung, besonders in Oberschwaben, ihre zum theil schon bemerkte Schwierigkeiten, doch liessen sich dieselbe aus angeführten Gründen villeicht leichter heben, als man sich selbe insgemein vorstellt, und die hiezu nöthige Wissenschaften sollten auch noch wohl so gut als in andern Provinzien durch weise Verfügungen zu erlangen seyn.

Unser Land mag in dem vorigen Jahrhundert durch die langwierige Kriegsdrangsalen auch noch so vielen Nachtheil an seinen Gewerben erlitten haben, so wütheten sie doch in andern teutschen Provinzien fast noch grausamer; in dem man an etlichen Orten kaum noch etliche Spuhren der alten Einwohner gewahr wurde, und wo die Gewerbe in Gegenhalt der unsrigen sich gleichwohl jetzo in einem blühenden Zustande befinden, den sie wie die brandenburgische und sächsische Lande der Vorsicht ihrer Landesherren zu danken haben.

Indessen wäre es gleichwohl unsern schwäbischen Reichsstädten möglich gewesen, sich eben sowohl aus ihrem Verfall herauszureissen, wann ihre Bürger an ihrer Aufnahme mit gleichem Eyfer gearbeitet hätten, als es anderwärts von den Landesherren geschehen ist. Jedoch villeicht wären sie ohne diese Hülffe eben so sorglos gewesen als wir, und die Industrie wäre bey ihnen mit den Künsten und Wissenschaften nie so hoch gestiegen.

Es erhellet hieraus, wie viel Vortheile einem Lande durch kluge und wachsame Regenten für die Wohlfarth ihrer Unterthanen vor denjenigen zufliessen, deren Aufnahm ihrer eigenen Berathung und Besorgung überlassen ist, und die ihnen (welches kaum zu glauben) nach der bißherigen Erfahrung nicht sehr zu Herzen gehet, ob sie schon selbst das meiste darunter leyden; man gewahret diesen Unterschied zum theil selbst in einigen wenigen unserer schwäbischen Staaten, in welchen mit gleichem Eyfer von Seiten der Regenten, ihrer Räthe und anderer patriotischen Bürger an deren Aufnahm gearbeitet wird, da man hingegen in unsern Städten noch den grösten Kaltsinn von langer Zeit her über eine so wichtige Angelegenheit wahrnimmt. Aus dieser Ursache geschahe es dann, daß für die Erhaltung und Vermehrung der Industrie nach dem Exempel anderer erleuchteten Lande als Z. E. in Schlesien, Sachsen der Schweitz u. s. w. so wenig oder zum theil gar nicht gesorget worden, die eben durch solche Anstalten und andere weise Ermunterungen ihre Leinwand und andern Gewerbe zu einem hohen Grade der Vollkommenheit gebracht haben.

Ohne Zweifel erwarteten auch die hoch und löblichen Stände des schwäbischen Kreises bey ihren patriotischen Gesinnungen zur Verbesserung der Commercien besonders des Leinwandsgewerbs ehehin viel umständlichere Vorschläge und Entwürffe nach dem Beyspiel anderer Länder, als diejenige waren, die ihnen vor 26. Jahren gethan wurden, und ohne welche die Wiederherstellung der alten Industrie nicht zu erwarten ist. Zur Vermehrung oder Verbesserung derselben dient oder ist vielmehr nothwendig die genaueste Erkundigung über die Cultur des Flachses, dessen Zubereitung, Spinnerey u. s. w. in denjenigen Landen, in welchen die gangbahrste Arten Barchet, Leinwanden, u. s. w. die man zum theil selbst zum färben und bleichen aus solchen beschickt, einziehe, und dabey die Art des Flachssamens, dessen Anbaues, Zurüstung, den verschiedenen Ankauffpreis nach dessen verschiedener Güte; wie auch den Arbeitslohn und Preiß der verschiedenen Arten des Ge-

spin-

spinſts, und der aus demſelben verfertigten verſchiedenen Leinwandarten nach deren mancherley Güte, Länge und Breite der Stücke und die fernere Zurüſtung derſelben zu Rathe ziehe; alles dieſes kan und wird ohne Zweifel einem Land, wie das unſere, das zum theil zum Flachsbau vorzüglich tauglich iſt, ein Liecht geben, wie in ſolchem die alte hergebrachte noch wenige Induſtrie theils zu verbeſſern und vortheilhafter einzurichten, theils aber zu vermehren ſeyn möge; alles dieſes aber erfordert freylich weitläuffige Einſichten und Speculationen, um ſolche Einrichtungen zuſtande zu bringen, vermittelſt deren man ſicher genug den ſo ſehr danieder liegenden Gewerben wieder empor helffen könne. Auf eine andere Weiſe wird man auch keinen ſichern Grund zu einer ſo gemeinnützigen wichtigen Unternehmung legen, alle andere nur über hingehende bloß ſuperficielle Bemühungen und Anſtalten ſind eitel und verglich.

Nun iſt es freylich nicht zu leugnen, daß in einem Lande wie das unſrige iſt, wo, wie gedacht, ſo vielerley Stände, Herrſchaften und Städte unter einander vermenget ſind, die Ausführung ſolcher Entwürffe eine äuſſerſt ſchwehre wo nicht gar unmögliche Sache iſt; dann daß die Städte an und vor ſich, wo ſie nicht von denen nächſt um ſie gelegenen hohen und löblichen Ständen einmüthig und kräftigſt unterſtützt werden, nichts erhebliches zum allgemeinen Beſten ausführen können, iſt ſchon daraus abzunehmen, weil der wenigſte Flachs in ihren Gebiethen gebauet, verſponnen, und weiter verwoben wird, mithin es auf jene ankommt, ob, wann man je über ſolche Einrichtungen und Entwürffe einig

nig wird, und ſolche gründlich, ſicher und vortheil‐
haft genug zu ſtande kommen, ſie über deren
Feſthaltung in ihren Land- und Herrſchaften ein ſtets
wachſames Auge haben wollen; alles was man dem‐
nach von den Städten erwarten kan, beſtehet da‐
rinne, daß man von ihren Bürgern die gründlichſte
und vorzüglichſte Einſichten und Vorſchläge in die
Verbeſſerung des Commercii, beſonders wann ſie
ſolche zu erweitern und zu erlangen ſuchen, erwarten
ſollte.

Da dañ, wie gedacht, nicht zu zweifflen ſeyn dörfte,
daß, wo nicht alle, doch die meiſte hoch und löbliche
Stände zu ſolcher Verbeſſerung des Leinwandge‐
werbes und der dißfahls gemachten Einrichtungen
die Hände biethen, und die letztere genau beobach‐
ten zu laſſen geneigt ſeyn werden, als wie vorer‐
wehnt ſolche Anſtalten lediglich zur Vermehrung des
allgemeinen Nahrungsſtandes und der offentlichen
Einkünfte aller Stände abzielen. Noch gewiſſer
würde man ohne Zweifel einen ſo gemeinnützlichen
Endzweck erhalten, wann man ſich hiebey derjeni‐
gen Hülfsmittel bediente, die in andern Ländern
von dem glücklichſten Erfolg geweſen ſind; indem
die Erfahrung lehret, daß mit bloſſen Vorſchriften
und landesherrlichen Verordnungen insgemein we‐
nig ausgerichtet werde. Dieſe Hülfsmittel beſte‐
hen darinn: daß man Preiſe und Ehrenbelohnun‐
gen für diejenige Land und Handwerksleute ausſe‐
tze, die ſich entweder in dem Anbau des Flachſes,
deſſen Zubereitung im Hecheln und Spinnen, Ver‐
fertigung der ſchönſten und beſten Leinwand nach der

Vor‐

Vorschrift in der Länge und Breite und andern Eigenschaften vorzüglich hervor gethan haben.

Solchergestalt setzt schon seit mehreren Jahren hero die ökonomische Gesellschaft in Bern, in Absicht auf die Ausbreitung und Vervollkommnung des Leinwandgewerbes gewisse Prämien für diejenige Landleute aus, die den meisten Flachs auf einem Stück Erdreich nach einer ihnen vorgeschriebenen Grösse würden gebauet, und zu handen löblicher Gesellschaft geliefert haben; gleiche Preise werden denen besten Hechlerinnen und Spinnerinnen, Webern, Färbern u. s. w. ausgetheilet, die sich in diesen verschiedenen Zubereitungen vorzüglich geschickt gezeiget haben. Auf die gleiche Weise wurde auch für die Vermehrung der Industrie in andern Arten von Waaren als in Wollen, und deren weitern Zubereitung, Kartätschen, Spinnen u. s. w. wie auch für die Erfindung einer guten Walkererde gesorget. Und dieses ist auch in der That der zuverlässigste Weg, durch welchen sich die Gewerbe annoch empor heben, und neue Nahrungsarten in einem noch nicht gänzlich angebauten Lande ausfindig machen liessen, und auf eine andere weise wird es schwehr oder unmöglich bleiben; es ist dahero um so mehr zu bedauren, daß es sich eher wünschen als hoffen lässet, daß jemahls in unserm Oberschwaben eine so patriotische, großmüthige und einsichtsvolle Gesellschaft zu thätiger Aufnahme und Beförderung der vatterländischen Gewerbe zu Stande kommen werde; da doch deren Vermehrung und Verbesserung so leicht als in irgend einem andern Lande bey weisen und lebhaften Anstalten möglich seyn würde.

Da

Da sich die Manufacturen so schnell und auf einmahl nicht einführen lassen, wie andere Nahrungsarten, indem dergleichen Unternehmungen aus mehr als einem Betracht Zeit und Weile erfordern, biß sie in allen Stücken eine daurhaft, sichere und vortheilhafte Einrichtung erhalten haben, so sollte man sich an der Ausführung des Garnes um so weniger stossen, oder dieselbe hindern, als sie die Spinnerey eher befördert, und solche Ausführung auch bey den blühendesten Manufacturen in Schlesien und Oberlaußnitz noch immer frey gelassen wird. Die innländische Weber haben ja doch immer den Vorzug, das Garn näher und mit wenigern Kosten nach ihrer Wahl und Nothdurft mit besserm Vortheil, als die ausländische Weber einzuthun.

Wann der Flachsbau, das Hechlen und die Spinnerey wohl eingerichtet würde, so könnte, vielleicht auch selbst mit dem Garne von denjenigen, denen die Anlegung der Leinwandmanufacturen zu kostbahr wäre, ein einträglicher Gewerb geführt werden; wie dann ein vortheilhafter Handel in Schlesien und Sachsen, und zwar nicht allein mit dem Garne, sondern auch mit dem Zwirne getrieben wird.

Es sind auch die Garne in der That von einem so beträchtlichen Nutzen, daß man rechnet ein Pfund Flachs so zu der feinsten Gattung Spitzen gesponnen verarbeitet wird, biß auf 7000 fl. abwerffe, und daß an einem Pfund des feinsten Flachses jährlich 14. Personen bey gehöriger Geschicklichkeit sich beschäftigen könnten; unter allen Manufacturarten ist dahero auch dieses diejenige, bey welcher die Kunst die
mei-

meiste Hülffe leistet; es ist aber sehr zu zweiflen, daß man in unserm Schwaben die Industrie jemahls so hoch bringen werde; man kan inzwischen hieraus abnehmen, wie weit es der menschliche Fleiß bringen kan, wann man die von Gott verliehene Kräfte an den Gaben der Natur gehörig anwenden will.

Es giebt vielleicht ausser den Engelländern und Holländern und wenigen anderen keine Völker, die die Gaben, die ihnen die Natur schenket, sowohl zu benutzen und zu vermehren wissen, als die Einwohner der niederländischen Provinzien und der schlesischen Lande, denen vornemlich auch ihr berühmter Flachsbau zu einer vorzüglichen Quelle ihres Reichsthums dienet.

An dem Beyspiel der ersten kan man zugleich ersehen, daß eine Nation eine einmahl eingeführte Industrie, wann ihr Fleiß in derselben nicht erkaltet, ohngeachtet aller Kriegsdrangsalen auch bey dem Mangel höherer Unterstützung von Seiten der Landesregenten erhalten können.

Dann ob sie wohl durch den Verlust ihrer vormahligen Gewerben, und der damit besessenen Reichthümern an ihrer ehemahligen Herrlichkeit gleichmässig unglaublich viel gelitten, so geschah doch dieses nicht durch ihren Unfleiß, sondern weil sie höherer Gewalt eines theils weichen, andern theils aber denen Commercien, die sich ebenmässig grösten theils von ihnen gewendet, ihren Lauf gleichmässig lassen mußten, weil sie zu schwach waren, solchen Zufällen vorzubeugen, oder ihnen zu wiederstehen. Gleichwohl sind

sind sie bey weitem in keinem so hohen Grade gefallen, als man insgemein glaubt, und auch wirklich geschehen seyn würde, wann der Landbau und die Industrie in der Folge so sehr wäre vernachläßiget worden, als es fast in allen unsern Reichsstädten geschehen ist.

Ihre Städte sind nichts desto weniger noch volkreich und wohlhabend, dann sie haben doch noch vielen Handel, Manufacturen und Industrie und alle Ergötzlichkeit und Bequemlichkeiten dieses Lebens. Wann sie dahero schon nicht mehr das reichste Volk sind, so sind sie doch noch eines von den glücklichsten. Dann die Glückseligkeit dieses Lebens bestehet eben nicht in grossen Reichthümern, sondern vielmehr in einem gemäßigten Wohlstande eines Landes, in welchem sich jeder Einwohner auch der geringste gemächlich ernähren, und sein Vermögen bey hinlänglich bescheidener Nahrung nicht nur erhalten, sondern nach Beschaffenheit seiner Umständen vermehren kan. Und einen solchen Wohlstand geniessen sie noch heute zu tage nach der Bemerkung eines neuern Reisenden von Stande und scharffer Beurtheilung; wozu nicht sowohl die Fruchtbahrkeit ihres Bodens, den man für einen der besten in Europa hält, sondern dessen vortreflicher und so vollkommener Anbau, daß man nicht einmahl weiß, was Brache ist, das meiste beyträgt.

Dieser unverbesserliche Anbau, den sie schon seit mehrern Jahrenhunderten vor allen andern europäischen Nationen nebst einer hinlänglichen und vortreflichen

chen Industrie besaßen, setzte sie in Stand die jämmerlichen Kriege, die sie unter der grausamen Regierung Philipps des 2ten erdulden mußten, ohne ihren Ruin auszuhalten; ob sie gleich auch an allen übrigen Kriegsbeschwerden Antheil nehmen mußten, die von 1580. biß 1748. in ihren Provinzien geführt wurden. Dieses ist in der That ein neuer anmerkungswürdiger und auf die untrügliche Erfahrung gegründeter Beweiß, daß der wohl eingerichtete und vollkommene Landbau nebst einer auf denseben sich stützenden hinlänglichen Industrie die festeste Stützen des Wohlstandes jeder Provinz und Stadt seyen. Ohngeachtet ihre alte beträchtliche Gewerbe und Manufacturen entflohen waren, so erhielten sie doch die letzte noch in so weit, daß ihre dermahlige Seiden- Wollen- und Leinwandfabricken sich in Betracht jetziger Zeitumständen noch in blühendem Stande befinden. Von denen die letztere grossen theils von denen Landleuten selbst unterhalten und fortgeführt werden.

In einem Lande, wo der Landbau eine so vortrefliche Einrichtung und ausgebreitete Industrie hat, und auch die Städte selbst mit mancherley Arten derselben wohl versehen sind, kan es nicht fehlen, der Landmann und der Bürger müssen beyde wohlhabend seyn, und wann schon ihre Kaufleute nicht mehr so übermäßig reich werden, als der ehemahlige berühmte Johann Daens in Antwerpen, von welchem man erzählet, daß er dem Kayser Carl dem 5ten eine Million in Gold vorgestreckt, und da er ihn nachgehends auf das prächtigste bewirthete, ein Feuer von Kaneel hatte, in welches er in

des

des Kaysers Gegenwart, die Schuldverschreibung warf; so ist es doch eben nicht nöthig; genug, daß man noch jetzo diese Provinzien, so sehr sie auch von dem hohen Grade ihres vormahligen Reichthums gefallen, zusammen in Betracht ihrer Grösse für das reichste Land (die Provinz Holland ausgenommen) in Europa hält. In einem solchen Lande kan der Land-der Handwerks- und Kaufmann gleichwohl noch immer soviel erwerben, als sie nicht bloß zu ihrem reichlichen Unterhalt, sondern zur Vermehrung ihres Vermögens nach ihrer verschiedenen Umständen bedürffen, und es ist in solchem Fall eines jeden eigene Schuld, wann es darben muß; indem es ihnen an Anlaß und Gelegenheit seine Fähigkeiten und Kenntnisse zur Beförderung seiner Kinder zeitlichen Wohlfarth auf das nützlichste anzuwenden, nicht manglen kan. Selbst der Luxus kan einem solchen Lande keinen Nachtheil bringen; dann eines theils hält er sich bey so arbeitsamen Einwohnern, die sich nur mit ihrem Beruf beschäftigen, in einer gewissen Mässigung; andern theils sind die Bedürfnisse desselben meistens ihrer eigenen Hände Arbeit, und der Uiberschuß reicht ihnen genugsame Mittel dar, die übrige solcher massen zu bestreiten, daß sich das Land und die Einwohner noch dabey bereichern, welches vornemlich auch durch die Verfertigung ihres Cammertuchs geschiehet, welches so fein ist, daß die feinste Gattung desselben biß auf 8. biß 9. Gulden die Elle zu stehen kommen solle.

Würde sich nun in unserm Schwaben unsere alte Industrie solcher massen erhalten, und sich nach Veränderung der Zeiten und Umständen verbessert

und

und vermehret, auch der Landbau denjenigen Grad der Vollkommenheit erreicht haben, zu welchem er zu bringen möglich ist; so würden auch unsere Städte sich annoch in den blühendsten Umständen befinden. Allein es scheint, daß unsere Kaufleute selbst für die Erhaltung der Industrie nicht alle mögliche Sorge getragen haben, indem sie lieber frembde Leinwathen einführten, wie sie von ihren auswärtigen Freunden in Italien und Frankreich begehrt wurden, welches zu öftern Empörungen in unsern Städten Anlaß gab, als daß sie die nöthigen Anstalten getroffen hätten, solche Leinwanden aus dem inländischen Garne durch eine bessere Einrichtung der Spinnerey und Webereyen, und vielleicht des Flachsbaues selbst verfertigen zu lassen, welches dann zu weiterer Nachahmung frembder Waaren Gelegenheit gegeben, und die inländischen Industrie erhalten hätte; die sich hiewieder geäusserte Schwierigkeiten wären vielleicht nicht unüberwindlich gewesen; dann daß dergleichen Anstalten in einem Lande, wie das unsrige ist, ohne höhern Beystand unmöglich seyen, wann man das Garn nicht nach allen Bedürffen haben kan, ist unleugbahr.

Vielleicht beförderte dieses ehedem die Anschlägigkeit der sächsischen Kaufleute, als im Jahr 1684. nachdem die Hugenotten aus Frankreich vertrieben worden, und die Hamburger weiß garnichte Leinwanden, aus der Oberlaußnitz verlangten, die vorhin in Frankreich meist von besagten Hugenotten verfertiget, und nach Engelland versandt worden. Da dann die dasige Weber eine Probe von solchen neuen Leinwanden machten, die so grossen Beyfall fand, daß

daß diese Art Leinwand noch biß auf diesen Tag daselbst verfertiget wird. Es wissen auch die schlesische Manufacturisten ihre Leinwand und Schleyer durch gutes Kraftmiehl nach französisch und holländischer Art gleich den benachbahrten Schweitzern sowohl zu zurüsten, daß man nicht nöthig hat, ihre Leinwanden in diesen Ländern erst nach ihrer Weise appretiren zu lassen. Dieser Anschlägigkeit und Erfindungskraft, wie ihrer grossen Arbeitsamkeit haben die Niederländer, Schlesier, Sachsen und Schweitzer ihre ausgebreitete Industrie zu danken.

Ob nun wohl der Leinwandgewerb sowohl in Flandern, Schlesien, als in Sachsen jetzo nicht mehr seyn mag, was er ehehin gewesen, so bleibt er doch noch immer aus mehr als einem Betracht einer der gangbahrsten und einträglichsten, der sich zur Verbesserung des Nahrungstandes eines Landes nur immer ausfindig machen lässet; er giebet auch Anlaß zur Erweiterung der Industrie in andern Manufacturwaaren.

Nicht weniger ist auch über dem der Flachsbau für den Landmann bey einer vortheilhaftern Einrichtung des Felsbaues höchst nützlich; wie dann der vortrefliche Herr Tschiffeli Stifter und Mitglied der ökonomischen Gesellschaft in Bern, aus seiner eigenen Erfahrung klar bewiesen hat, daß, wann man auch den Flachs nicht mit eigener Handanlegung bauen könnte, und Herrschaften und Klöster selben auf ihre Unkosten bauen liessen, er doch einen so beträchtlichen Nutzen abwerffe, daß ein jeder Bernerjauchart, wann man auch das Meß von liflänländischen Leinsamen um 20. Batzen berechnete, deren 6. zu einer Bernerjauchart erfordert würden, und den man zu einem beſſern Flachsbau gebrauchen, und deſſen Ankauf nicht ſcheuen muß, weil er der beſte in Europa iſt, ſolcher gleichwohl nach Abzug aller Unkoſten, die ſich zuſammen auf 59. Cronen belauffen, gleichwohl einen Vortheil von 43. Cronen abwerffe. Vor die Landleute möchte der einländiſche Saamen annoch gut ſeyn, biß ſie mit beſſerm von ihrer Herrſchaft unterſtützt würden.

Es iſt unnöthig zu wiederholen, wie ſehr die Nahrung des Landvolks auf mancherley Weiſe durch eine beſſere Flachscultur und Spinnerey verbeſſert, und der Anſchlägigkeit ein neues Feld eröfnet würde, vermittelſt welcher man leicht mancherley Arten von Waaren nicht nur zum auswärtigen Vertrieb, ſondern auch hauptſächlich zum eigenen Verbrauch der Bürger und Unterthanen verfertigen, und alſo vieles Geld im Land erhalten werden könnte, ſo man vorhin aus Mangel einer hinlänglichen Induſtrie in den Städten und Herrſchaften hinaus ſenden mußte. Es iſt unglaublich, auf wie vielerley Weiſe das leinene Garn, wann man es von verſchiedener Feine, und taugliche Arbeiter dazu hat, oder beruft, kan benutzet und verarbeitet werden, ſowohl mit der Baum-und Schaafwolle, als ſelbſt mit Seide; es kommt dabey nur auf eine gute Flachscultur und eine wohl eingerichtete Spinnerey an, ſo iſt der Weg gebahnet, Obrigkeiten und Herrſchaften ihre Einkünfte, den Burgern und Unterthanen aber in Städten und Dörffern ihre Nahrung und Gewerbe nicht nur merklich und zuverläſſig zu ver-

vermehren, sondern ihnen zugleich die sicherste Mittel an die Hand zu geben, neue Nahrungszweige ausfindig zu machen. Wie es dann aus der untrüglichen Erfahrung gewiß ist, daß wo man eine rechte Grundlage zu einem ansehnlichen Handel sicher geleget hat, man noch mehrere andere darauf bauen kan; dann auf die Erreichung des einten Gewerbes, folget die Erreichung eines andern; man vervielfältige nur die Producte der Erde und des Fleisses, so werden sich mit der Consumtion derselben die Gewerbe von selbst vermehren.

Die Gelegenheit unsere zeitliche Wohlfarth besser dann bißhero zu befördern, lieget also vor unsern Füssen und in unserm eigenen Grund und Boden, wann wir nur klug genug sind, selbe zu ergreiffen, und selbe nach allen Kräften gänzlich und nicht nach der bißherigen Weise nur zum theil zu benutzen, um das Land durch die Vermehrung der Gewächse zu bereichern, und jeder Haushaltung hinlängliche Arbeit und Nahrung zu verschaffen. Eine solche Unternehmung erfordert freylich viele Mühe und Anstalten, wo läßt sich aber in der Welt ohne solche ein neuer Gewinn und Verdienst herstellen? eine solche Anstalt würde uns Schwaben auch ohne Zweifel bey andern teutschen mehr erleuchteten Völkern in eine mehrere Achtung setzen, als sie bißhero bey unserer immerwährenden Schlafflosigkeit gegen uns hegen konnten. Dann die Rauhigkeit unsers Landes ist hieran nicht schuld, und wann sie auch wirklich vorhanden wäre, so könnte sie bezwungen, und der Boden zahm und fruchtbahr gemacht werden. Es ist hier zur Beförderung unsers Wohlstandes

nicht

nicht darum zu thun, neue entfernte und uns unbekandte Weltgegenden bey der grösten Gefahr unsers Lebens ausfindig zu machen, und allda neue Pflanzstädte und Handlungsorte zu errichten und anzubauen, wie solches die Holländer gethan, und damit klahr gezeigt haben, wie weit die menschliche Kräfte reichen, und daß sich auch solche Entwürffe ausführen lassen, die dem ersten Anblick nach wirklichen Hirngespinsten ähnlich sehen, wann man beherzt einig und standhaft genug in seinen Bemühungen ist. Wie würde diese anschlägige und unermüdete Nation unser fruchtbahres Land benutzen; sie würde keinen Fleck desselben unangebauet und unumgekehrt liegen lassen, sondern so viel Nutzen daraus ziehen, als es natürlicherweise bey gehöriger Bearbeitung und Verpflegung möglich wäre.

Es kan nicht genug wiederholet werden, daß der Verlust unserer ehemahligen Gewerbe gröstentheils aus unserer eigenen Schuld herrühre, indem es ja nicht über die menschliche Kräfte steiget, solche Anstalten nach und nach zu treffen, daß die sammtliche Oberfläche unsers Erdreichs gehörig angebauet, und der sammtliche Nutzen aus demselben gezogen werden könne; und daß es nur allzu gewiß bleibe, daß wir Menschen an dem Elende und an den Sorgen, die uns in allen Ständen drücken, die meiste Ursache selbst sind, weil wir uns nicht genug bemühen, und arbeiten, uns davon zu befreyen; und daß es eine unverantwortliche Lästerung wieder die Vorsehung seye, wann man sie beschuldiget, daß sie der Erde ihre Fruchtbahrkeit entziehe, da sie doch nicht gänzlich angebauet wird, mithin auch nicht so viel

II. Theil.   H h   ab-

abwerffen kan, als durch einen gänzlichen gehörigen Anbau von ihr zu erwarten stünde.

Man rechnet daß unser schwäbischer Kreis ohngefähr 720. teutsche Quadrat Meilen begreiffe; auf jede rechnet man 13646. Morgen Landes jede zu 40960. rheinländischen Schuhen, solchergestalten bestehet derselbe in 9825120. Morgen Landes; ziehet man davon den dritten theil für Städte, Dörfer, Waldungen, Flüsse, Strassen u. s. w. so bleiben noch 6550080. Morgen zum Ackerbau und zur Viehzucht übrig; nimmt man weiter von dieser Summe noch ein anderes Drittel für Wiesen und Waydplätze so bleiben 4366720. Morgen; wann nun allein der dritte theil hievon zum Getraidbau bestimmt würde, so betrüge solcher 1455373. Morgen; nun schätzt man den jährlichen Ertrag für jeden Morgen; im Durchschnitt auf 4. Malter glatte Frucht von 190. biß 200. Pf. Cöllnergewichts, hieraus läßt sich leicht berechnen, wie viel das ganze Land tragen könnte.

Man schätzet die Anzahl der Menschen für ganz Teutschland auf 24. Millionen; wir werden dahero nicht zu wenig setzen, wann wir die Bevölkerung unsers Kreises auf 1½. Millionen stark schätzen; indem Herr Büsching den würtembergischen Landen allein eine halbe Million zutheilt, es kommt auch diese Schätzung mit der Grösse unsers Kreises und derer dazu gehörigen Landschaften in Gegenhalt des übrigen Teutschlandes zimlichermassen überein; indem man dessen Umkreis auf 11124. geographische Quadratmeilen schätzt, und obwohl manche teutsche

sche Provinzien etwas bevölkerter seyn mögen, so giebet es doch auch hinwiederum andere, die der unsrigen nicht beykommen, ob diese wohl in Absicht der Fruchtbahrkeit des Landes mehrere Einwohner ernähren könnte; indessen mögen doch unsere Kreislande wohl so bevölkert als Teutschland überhaupt seyn, als welches gleichfalls eine beträchtliche Menge mehr Einwohner ernähren könnte.

Wir hoffen also nicht zu irren, wann wir die Zahl der Menschen in unserm Kreise auf $1\frac{1}{2}$ Millionen bestimmen; für jeden Menschen kan man nach der Meynung des Herrn Hoffkammerrath Schlettweins für die jährliche Bedürfnis 2. biß $2\frac{1}{2}$. Malter glatte Frucht rechnen, nach diesem Uiberschlag läßt sich leicht heraus bringen, wie viel Getraid über die eigene Bedürfnis des Landes noch zum Vorrath auf etliche Jahre und zur Ausfuhr in die benachbahrte Lande übrig bleibe; und zwar nur von einem dritten Theil des baubahren Landes; mithin ist noch kein Sommer und andere Frucht zum Gemüsse und zur Nahrung für Menschen und Vieh darunter begriffen. Wann nun nach dem Beyspiehl der Markgräflich Durlachischen und anderer wohl eingerichteten Provinzien die Brache abgeschaft, und das Land gänzlich angebauet wird, so bleibt noch überflüssiges Erdreich nicht nur zu einer beträchtlichen Vermehrung der Fütterung und grossen Verbesserung der elenden Viehzucht durch Einführung des Kleebaues, sondern auch zu dem Flachsbau, und andern nothwendigen Producten, als Hanf, Toback u. s. w. übrig; daß also vermittelst dem gänzlichen Anbau des Landes ein solcher Uiberfluß aller Arten von Producten kan erzeuget werden, dafür theils das Geld im Lande erhalten, theils für den Uiberschuß noch mehr herein gebracht und also dadurch Gewerbe und Nahrung nach und nach bey weisen Einrichtungen und Anstalten in eine erwünschte Aufnahme zur Verminderung des allgemeinen Elendes und Vermehrung der offentlichen Einkünfte gebracht wird; ohne, daß der Getraidbau, wie man villeicht einwenden möchte, den mindesten Abbruch durch den Anbau anderer Producte dabey leyden würde.

Ein jeder Hausvatter in Städten und Dörfern siehet als dann mit Freuden auf die Vermehrung seiner Familie und nicht mehr mit bangem Herzen auf ihr künftiges Schicksaal nach seinem Tode, da er sie hingegen bißhero als eine beschwehrliche und traurige Last ansehen mußte. Der Bürger und Landmann haben nun eine ausgebreitete Quelle, aus welcher sie ihre Nahrung ziehen und sie wissen nun, daß sie sich bey gehörigem Fleiß im Wohlstande erhalten können.

Es bekommen so dann über dem eine Menge Leute Geschäfte, die vorhin bey dem schlechten Anbau des Landes genöthiget wurden, unser sonst von Natur fruchtbähres Vatterland in solcher Menge zu verlassen, daß endlich unser preißwürdigst regierender Kayser allerhöchst selbst genöthiget wurden, einer so höchst nachtheiligen Auswanderung durch die schärfeste Verbothe Einhalt zu thun; wie es dann auch in der That ein untrügliches Zeugnis der schlechten Einrichtung des Nahrungstandes unsers Landes war, daß so viele dasselbe mit dem Rücken ansehen mußten, da es doch viel mehrere ernähren konnte, als sich

ſich ſelbſt in dem ehemahls blühenden Zuſtande in demſelben mögen befunden haben; nun mußten dieſe weggezogene Landeskinder frembde Länder anbauen, ehe ihr eigenes Vatterland gänzlich angebauet, und genugſam bevölkert war; dann nach der bißherigen Einrichtung blieb ein guter Theil deſſelben zum gröſten Nachtheil der Herrſchaften und Obrigkeiten an ihren öffentlichen Gefällen öde. Sobald demnach der Feldau nach dem Beyſpiehl anderer Provinzien die vortheilhafteſte Einrichtung erhält, ſo nimmt alsdann die Bevölkerung, die der überzeugendſte Beweis einer jeden weiſen Regierung, wie die wahre Seele eines jeden Staates iſt, von ſelbſt zu. Man fängt alsdann an, öde Plätze auf zureiſſen und es entſtehen Familien und Höfe, wo vorhin keine geweſen waren, und ſo vermehren ſich die Einwohner von ſelbſt; dann auf jedem Stück Erdreich, auf dem ſich ein paar Perſohnen mit ihren Kindern wohl ernähren können, entſtehet als dann eine Haushaltung, und ſo mit wird der Grundſatz der Gerechtigkeit beobachtet, nach welchem es nehmlich die Hauptpflicht der Regierung ſeyn ſolle, dafür zu ſorgen, daß in dem Staate kein einziger Menſch elender ſey, als er in dem Stande der Natur geweſen ſeyn würde; daß ein jeder Bürger und Einwohner von dem Staate die der menſchlichen Natur weſentlichen Güter fordern könne; daß je mehr Wohlſtand unter vielen Familien der Bürger in einer gewiſſen Gleichheit ausgetheilet werde, der Staat deſto blühender, deſto vollkommener ſey; und daß der geringſte Bürger zu der Glückſeligkeit eben das Recht habe wie der Vornehmſte.

Wann

Wann dann der Landbau in so fern erweitert und verbessert worden, und sich mit den Einwohnern die Producte der Erde aller Arten vermehret haben, so kan man auch auf die Vermehrung der Manufacturen denken; wobey es jedoch nicht die Meynung hat, daß man alle Producte selbst erzeuge und verarbeite; dieses ist weder möglich noch thunlich; dann obwohl ein jeder Boden zu einer gewissen Art Früchten und Gewächsen tauglich gemacht werden mag, so schickt sich doch der Anbau jedes Productes nicht für denselben. Neben dem, wenn es auch möglich wäre, gar alle Bedürfnisse selbst zu erzeugen und zu verarbeiten, um dadurch den Fremdboden alle Loosung von uns abzuschneiden, so wäre doch dieses nicht rathsam, indem dadurch der gemeinschaftliche Handel mit den auswärtigen gänzlich aufgehoben, und aller Verkehr mit denselben verbannet würde, wer wollte solche Vorschläge thun? Die Hauptabsicht einer weisen und redlichen Regierung gehet nur dahin, ein ausgesogenes Land aus seinem Verfall herauszureissen, das gegenwärtige Elend durch Vermehrung an Nahrung und Arbeit, so weit es in menschlichen Kräften stehet, zu vermindern, und mit Vermehrung der herrschaftlichen Gefälle die Glückseligkeit der Einwohner so viel möglich zu bewirken; welches dann nicht anderst als durch den gänzlichen Anbau des Landes u. s. w. geschehen kan.

Wollte man einwenden, wir kämen mit unsern Manufacturen zu späth: andere Völker hätten bereits einen allzuweiten Vorsprung erlangt, und daß unser Land zu deren Anlegung zu arm wäre; so muß

muß man bedenken, daß wann schon andere wegen ihrem mehrern Fleiß und der dadurch erlangten gröſſern Geſchicklichkeit den Rang über uns erhalten, und ſich auf unſere Unkoſten bereichert, mithin dem erſten Ablick nach durch den Uiberfluß ihres Geldes einen ſolchen Vortheil über uns erlangt haben, der uns hindern würde, mit ihnen die gleiche Preiſe zu halten, weil ſie ihre Waaren ohne Nachtheil mit geringerm Gewinnſt verkauffen könnten; allein nichts deſto weniger wurden wir bey guten Einrichtungen andere Vortheile gegen ihnen erlangen, die die ihrigen noch weit übertreffen möchten.

Einestheils würden unſere Producte, wann ſie bey dem gänzlichen Anbau des Landes in gröſſerer Menge erzeuget würden, wohlfeiler und zugleich dadurch der Lebensunterhalt allen arbeitenden in ſo weit erleichtert, daß man ſie in viel nidrigern Preiſen liefern könnte; ſolchergeſtalt wird es auch armen Staaten möglich, es bey guten Anſtalten, gehörigem Fleiß und Nachdenken dahin zu bringen, daß man ſie wieder in einen blühenden Stand ſetzen kan; dann der Uiberfluß des Geldes gereichet den andern zu ihrem Nachtheil, weil ihre gröſſere Arbeitslöhne ihre Waaren vertheuren, und dadurch den Fortgang ihrer Manufacturen hindern.

Auf ſolche Weiſe können die letztern ihren Aufenthalt verändern, und aus denjenigen Staaten, die ſie vorhin bereichert hatten, in die ärmern gezogen werden, wann nur die Einwohner derſelben einmahl klug genug werden, die dazu nöthige Verfügungen in allen Stücken weißlich zu treffen, dann von selbst führen sich die Manufacturen höchst selten ein, und es kan ein armes Land hundert und mehr Jahre bey der schönsten Anlage zur Vermehrung seiner Nahrung der Gewerbe derselben fast gänzlich beraubet bleiben, ohne, daß man im Stande ist, eine andere Ursache als die nachtheilige Verfassung desselben, oder die Fahrläſſigkeit Einfalt und Unwiſſenheit der Einwohner anzugeben, die zu träge sind, die von ihnen unbemerkte Vortheile ihres Landes zu ihrer Aufnahme vernünftig anzuwenden, und sich vermittelſt ſolcher aus dem Staube empor zu schwingen.

Wollte man einwenden, daß obwohl der Uiberfluß des Geldes in den reichen Staaten dem Fortgang ihrer Fabricken nachtheilig ſeyn möge, ſo ſey doch unstreitig, daß auch hinwiederum der gar zu groſſe Mangel, der faſt in allen unſeren verſchuldeten und ausgeſogenen Städten herrſche, der Anlegung der Manufacturen auch hinderlich, indem ohne ſtarken Verlag ſolche nicht unternommen werden könnten.

Allein dieſer Schwierigkeit könnte, wann alle übrige Einrichtungen wohl getroffen würden, in denjenigen Städten, die ihren Credit bißhero noch aufrecht erhalten haben, auf mancherley Weise abgeholffen werden; von gröſſerer Schwierigkeit iſt die vortheilhaftere Einrichtung der Cultur der Erde; die ſich wegen den Vorurtheilen des gemeinen Mannes ſo leicht nicht einführen läſſet, wann er auch ſchon ſelbſt einen mehrern Nutzen bey derſelben erblicken ſollte, wo er nicht auf eine liebreiche Art dabey behandelt, und nach vorkommenden Umſtänden für die Aufopferung einr und anderer Gerechtſame, ob ſie ihm ſchon nichts eintragen, oder wohl gar ſchäd=lich ſeyn möchten, zu frieden geſtellt, und zugleich durch eine landesvätterliche Vorſtellung ſeiner eige=nen Wohlfarth dazu bewogen wird.

Wobey dann von der äuſſerſten Nothwendigkeit ſeyn will, daß man zu Ausführung ſolcher Anſtalten patriotiſche und mit den nöthigen Einſichten hiezu be=gabte Männer beſitze, die bey Aufhebung der Gemein=heiten, die jedes gemeine Weſen bishero ſo ſehr ge=druckt haben, unumgänglich erforderlich ſind. Beſon=ders in einem Lande, wo die Herrſchaften ſo ſehr ver=miſcht, und deren Gerechtſame und Abſichten oft ſo verſchieden ſind, daß man billich zweiflen muß, ob eine ſo allgemeine Abſchaffung der Gemeinheiten in demſelben zu erwarten ſey; in dem oft Herrſchaften und Unterthanen das Hütungsrechte auf ſolchen und andern Weydplätzen beſitzen, deren Vertheilung, wann man auch wegen ſolcher ſchlüſſig wird, doch zu den bitterſten Streitigkeiten Anlaß geben kön=nen. Wiewohl man heutiges Tages Anleitungen genug findet, wie man bey einem ſo höchſt wichtigen Geſchäfte mit Rückſicht auf die beſondere Umſtände des Landes, und den verſchiedenen Gerechtſamen der Intereſſenten und deren wechſelweiſen Dienſtbahr=keiten, die oft verſchiedene Herrſchaften und Unter=thanen auf ſolchen Grundſtücken gegen einander ha=ben, auf dieſe und jene Weiſe zu gütlicher Ausein=anderſetzung und Befriedigung zu Werk gehen könne, deſſen Beylegung um ſo ſchwerer iſt, daß ohngeach=tet es eine der wichtigſten Angelegenheiten des Lan=

des und die Beförderung der zeitlichen Wohlfarth der Einwohner selbst betrift, es doch selten an unruhigen Köpfen fehlet, die alle dahin trachten, so unumgänglich nöthige und gemeinnützliche Anstalten zu vereiteln. Wo nun diejenige, die einem solchen Geschäfte vorgesetzt sind, selbst die gehörige Uiberzeugung und Einsicht davon nicht haben, die redlichgesinnte zu unterstützen, so kan es leicht geschehen, daß die letztere sich von den Zänkern und Aufrührern bereden lassen, die alte Methode sey wirklich die bessere, und der neuern vorzuziehen; so sehr auch die Vernunft, und wie auch die Erfahrung in andern Staaten darwieder zeugen mag, und wann auch gleich das ganze Land in einen immer tieffern Verfall hinab sinken sollte.

Es ist freylich dieser Weg unsern schwäbischen Commercien, nemlich durch eine andere Einrichtung und vortheilhafte Abänderung des Feldbaues empor zu helffen, mühsam und mit vielen Schwierigkeiten begleitet; die Uiberwindung derselben aber beruhet einzig auf den einmüthig patriotischen und weisen Gesinnungen und Anstalten der Hoch und löblichen Ständen unsers Vatterlandes; auf die man so eher wird rechnen können, als dabey die Vermehrung ihrer offentlichen Gefälle nicht weniger als der Wohlstand ihrer Unterthanen zum Grunde lieget, und menschlicher weise zu urtheilen für alle künftige Zeiten hinaus, kein sicherer Weg zur Erlangung eines so höchst wichtigen Endzweckes ausfindig gemacht werden wird.

Die

Die Erfahrung hat solches auch bishero in allen Ländern gelehret, in welchen die Regenten keine Unkosten gescheuet, nebst den Gewerben und Manufacturen, Künste und Wissenschaften empor zu bringen, und in einen blühenden Stand zu stellen; weil hiezu kein sicherer Grund durch eine gänzliche und vortheilhaftere Cultur des Landes dazu gelegt wurde, und man es nicht begreiffen konnte, daß der Flor der Gewerbe hierauf gegründet werden müßte. Dann der vollkommene Landbau ist und bleibt ewig das Fundament aller Handwerker, Künste, Professionen, Manufacturen und Gewerbe; er ist die eigentliche Quelle der Reichthümer und der Wohlfarth der Bürger und Landleute, kurz der eigentliche Ursprung des Wohlstandes eines jeden grossen und kleinen Staats.

Das so hoch geschätzte und dahero bey nahe angebethete Geld kan an und vor sich dergleichen Wirksamkeit so wenig haben, daß, wann es auch über eine mit keiner Industrie und keinem oder elenden Landbau versehene, folglich erarmte Stadt und Landschaft gleichsam wie ein Regen in solcher Maasse ausgeschüttet würde, daß ein jeder Bürger und Einwohner binnen 24. Stunden sein Vermögen um die Helfte vermehrt hätte, dabey aber bey der vorigen Lebensart und Nachläßigkeit fort lebte, sammtliche Einwohner solcher Stadt und Landschaft solchen Zuschuß nach und nach unter ihren Händen solchermassen wieder würden verschwinden sehen, daß nach Abfluß einer gewissen Anzahl Jahre nichts mehr davon übrig bleiben würde, und sie in die vorige Dürftigkeit sinken müßten.

Man

Man durchgehe die ganze Geschichte, so wird man finden, daß es nicht nur das Schicksaal grösserer Staaten, sondern auch unserer Reichsstädte gewesen sey, die vormahls reich waren, nun aber jetzo arm sind, daß sie das Geld, dessen sie vorhin einen Uiberfluß hatten, mit ihrem ehemahligen Fleiß und Gewerb verlassen habe. Es kan dasselbe nur alsdann in einem Lande eine bleibende Stelle haben, und zu einem beharrlichen Wohlstand der Einwohner gereichen, wann solches durch ihren eigenen gemeinschaftlichen Fleiß und durch ihrer Hände Arbeit in Städten und Dörffern erworben wird, und von einer Hand in die andere gehet, folglich unter ihnen in der Circulation bleibt. Auf solche Weise schaft es wahre und überflüssige Früchte, und die zeitliche Glückseligkeit in allen Ständen, über welche sie sich im Ganzen ausbreitet und erstrecket, und in der geringsten Hütte des Landmanns ihren Anfang nimmt, aus welcher sie von einer Stuffe zur andern durch alle übrige Stände der Burger und Unterthanen biß an die Stühle und Throne ihrer Regenten selbst hinauf steiget, so, daß alle Glieder eines gemeinen Wesens von dem Obersten biß zum Untersten einen gehörigen Antheil an derselben nehmen.

Um auch den Landbau nebst einer vortheilhaftern Einrichtung zu einer grössern Vollkommenheit in der Cultur selbst zu bringen, hätte der Landmann noch fast durchgehends eines gründlichern Unterrichts in seinem gemein nützlichen Beruf höchst nöthig, der noch fast durchgehends in seiner Kindheit lieget, so sehr sich auch die meiste Bauren für ausgelernte Meister in demselben halten.

Man

Man gewahrte dieses vornemlich in der letztern Theurung, da diejenige Gegenden, die zwar die schlechteste Felder aber eine gute Bearbeitung und Pflege gehabt hatten, reichere Ernden, als andere bessere Böden geliefert, die nur nach dem gemeinen Schlendrian behandelt worden sind, daß also diese grosse Noth nicht eingerissen wäre, wann der Feldbau aller Orten eine gleich gute Einrichtung und Besorgung gehabt hatte; wie solches der verehrungswürdige und mit seltenen auf die Erfahrung gegründeten Einsichten in dem Feldbau begabte Herr Pfarrer Mayer in Kupferzell in dessen lehrreichen Schriften in das deutlichste Liecht gesetzt, und damit auch seiner seits auf das neue bewiesen hat, daß das meiste Elend der Menschen nicht so sehr von den schlimmen Zeiten oder widrigen Witterungen und Jahrgängen, sondern mehrentheils aus ihrer eigenen Nachlässigkeit und üblen Anstalten entspringe, indem die Erde grösten theils nach dem jetzigen Gebrauch derselben weder gehörig noch gänzlich angebauet wird, mithin auch so viele Producte nicht liefern kan, als es nach Bedürfnissen jetziger Zeiten unumgänglich nöthig ist.

Dahero man nicht nur in gedachtem Kupferzell und dasigen Gegenden, die höchst schädliche Gemeinheiten schon lange aufgehoben, und dem Mangel der natürlichen Düngung zur Befruchtung der samtlichen Felder glücklich durch die Erdmischungen abgeholffen hat; in dem freylich bey Aufhebung der Gemeinheiten die natürliche Düngung zu deren Bearbeitung nicht hinreichet, welches dann den Landleuten, die nicht wissen, was in andern Ländern

dern und Gegenden vorgehet, zu dem scheinbahren Einwurf wieder das Einschlagen der Felder den Anlaß giebet; man hätte hiezu nicht genugsame Düngung. Nun ist aber bekandt, wie sowohl die Engelländer als andere kluge Völker diesem Mangel sowohl durch die Erdmischung als mehr andere vermengte Düngungsarten, als durch die Anlegung der künstlichen Wiesen hinlänglich ersetzt, und dadurch nicht nur den Landbau an und vor sich, sondern auch die Viehzucht unglaublich vermehrt und verbessert haben. Nicht weniger weißt man, wie in dem Baadendurlachischen mehrere Dörffer durch Einführung des Kleebaues die gleiche Verbesserung nach aufgehobenen Gemeinheiten erhalten haben, und dadurch in den Stand gekommen sind, samtliche Grundstücke alle 2. Jahre hinlänglich zu düngen; indem durch die Stallfütterung der Dung vermehret, durch den Kleebau aber die Grundstücke solchermassen verbessert werden, daß man nicht nöthig hat, selbe mehr als ein oder 2. mahl zu pflügen, um solche zum Getreid oder andern Gewächs von mehrerem Ertrag zu gebrauchen, und sich der reichlichsten Ernde hierauf zu versichern.

Diese Vorsicht, den Mangel der Düngung theils durch die schicklichste Erdmischungen und andere noch unbekandte, aber bewährte vermengte Düngungsarten, oder auch durch den Anbau solcher Gewächse die den Boden verbessern, vorzubeugen, ist bey Aufhebung der Gemeinheiten und deren Einschlagung von der äussersten Nothwendigkeit, auch daß man dem wenig bemittelten und armen Landmann zu deren Anbau einige Hülffe leiste, von der

der äusserſten Wichtigkeit, ſonſt entſtehen durch ſolche Verfügungen, ſo unentbehrlich ſie auch jetziger Zeit zur Aufnahme eines jeden gemeinen Weſens ſeyn mögen, die bitterſte Klagen, oder wohl gar Empörungen, beſonders in denen Gegenden, wo zugleich der Weinbau eingeführt iſt, und wo man zu Bedüngung der Weinberge ſelten etwas anders als den Viehdung braucht.

Die Urſachen dieſer Klagen beſonders von Seiten der Armen ſind ganz begreiflich. Dieſe Leute haben insgemein ihre Rechnung auf das Austreiben ihres Viehes gemacht, und ſelten mehr Futter als ſie kümmerlich auf den Winter brauchen. Sollen ſie nun im Sommer das Vieh im Stalle behalten, ſo fehlt ihnen hinlängliches Futter und Streu; wird ihnen nun zu deren Anſchaffung, wie auch zu dem Anbau der ihnen angewieſenen eingeſchlagenen Grundſtücke nicht unter die Arme gegriffen, biß ſie im Stande ſind, hinlänglich Futter für das Vieh im Sommer von demſelben zu erhalten, ſo befinden ſie ſich in verlegenern Umſtänden als vorhin; es hat dahero auch der erleuchtete und recht vätterlich geſinnte Regent der badendurlachiſchen Lande bey Aufhebung der Gemeinheiten denen Landleuten auf das gnädigſte und liebreichſte ſeine hülfliche Hand geleiſtet, und damit denſelben glücklich aufgeholffen, indem er die Schwierigkeit, das Land mehr und beſſer anzubauen, hiedurch aus dem Weeg geräumet; und eben dieſes iſt eine Urſache, warum man ſich insgemein wieder das Einſchlagen ſo ſehr ſträubet, weil man nicht auf deſſen künftigen noch den gemeinen Nutzen, ſondern nur auf den Abgang der Weyde ſiehet;

het; ohngeachtet diese so wenig nützlich ist, daß das Vieh mehr Dung auf derselben veliehret, als das abzehrende Gras werth ist; hierauf siehet man aber nicht, wann man nur das Vieh aus dem Stalle bringt, und keine neue Ausgaben zu machen hat.

Wann nun von den Regenten und Obrigkeiten keine Hülffe geschiehet, und keine andere als die natürliche Viehdüngung gebraucht wird, so muß nothwendig in der letztern Mangel und Theurung entstehen, der aber nicht von dem Einschlagen sondern von der Unwissenheit der Landleute herrühret. Indessen können alsdann die Arme oft gar kein Vieh mehr halten, noch die angewiesene Grundstücke anbauen, und benutzen, und die übrigen gehen ihnen alsdann auch zu Grund. Die Reichern aber brauchen zu ihren eigenen alten und neu eingeschlagenen Feldern ihren Dung selbst, so daß man oft für die Weinberge gar keinen Dung mehr bekommen kan, und diese also gleichmäßig Noth leyden. Es ist also von der äussersten Nothwendigkeit, daß man diesen Ungelegenheiten durch die Erdmischungen und andere vermischte Düngungsmittel wie auch durch den Kleebau, und die Unterstützung der Armen zuvorkomme.

Woferne nun die Landleute von den ersten Hülfsmitteln und dem Anbau der Klee und anderer Futteräcker weder Kenntnis noch Erfahrung besitzen, da ist ein besserer Unterricht derselben unumgänglich nöthig.

Man

Man hat zu dem Ende theils in einigen unſerer erleuchtetern ſchwäbiſchen wie in mehr andern Staaten verſchiedene gute Anſtalten getroffen; da man theils Orten etliche der beſten Landwirthſchaftsbücher in die Pfarrkirchen geſtiftet, damit ſie ſich aus denſelben Raths erholen könnten, anderwärts hat man ihnen in den Kalendern gute Vorſchriften für die beſtmögliche Behandlung der erheblichſten Feldgeſchäften ertheilet.

Bey dem allen bleibt es noch immer ſchwehr den Landmann von ſeinen alten Vorurtheilen und Gewohnheiten zu befreyen. Am leichteſten läßt er ſich noch von ſeines gleichen belehren; beſonders in dem Fall, wann man ihm ſichtbahre Exempel durch Proben vorleget, und ihm die bißherige Fehler durch die Erfahrung gleichſam handgreiflich zeiget. Auch laſſen ſich den jungen Leuten eher die wahre Grundſätze beybringen als den alten. Sollte dann folgendes nicht eines der beſten Hülfsmittel ſeyn, dem Landmann eine vortheilhaftere Cultur Methode beyzubringen? Wann alle 1. oder 2. Jahre aus jedem Dorffe ein paar aufgeweckte junge Leute in ſolche Gegenden geſandt würden, wo der Feldbau eine gewiſſe Vollkommenheit in allen Theilen erlangt hätte. Man hält ja bey andern Profeſſionen die junge Leute und zwar aus guten Gründen auf die gleiche Weiſe dazu an, daß ſie einige Jahre auſſer dem Vatterlande bey andern Herren und Meiſtern in ihrer Profeſſion und Kunſt mehrere Uibung und Einſichten erlangen ſollten, damit ſie in denſelben deſto vollkommener würden; auch ſich die darinn von Zeit zu Zeit vorgenommene oft wichtige Verbeſſerungen

II. Theil. J i und

und Entdeckungen bekandt machen möchten. So konnten ja für den Feldbau, der doch ohnstreitig die wichtigste aller Handthierungen ist, weil alle Stände ihren Unterhalt und zum theil auch ihre Arbeiten aus demselben ziehen, zu dessen Verbesserung aus gleichem oder noch mehrerm Grund die gleiche Anstalt getroffen werden, wenn man, wie gedacht, jährlich einige junge ausgesuchte Leute in solche Gegenden sandte; wo bey der best eingerichteten Cultur auch dieses oder jenes zur Beförderung der Industrie vorzüglich dienliche und vortheilhafte Product als Flachs, Hanf, Toback u. s. w. in grösster Menge und Güte erzeuget würde, auch der Futterbau und Vieh- und Schaafzucht sich in einem besonders guten Stand befände.

Ohne Zweifel wäre schon manch gutes auch in unserm Schwaben ausgeführt worden, wann unsere Landleute mehrere Aufmunterungen und Anweisungen zu einer bessern Cultur erhalten hätten, und man sich vorzüglich in den Städten auf eine practische Weise näher um eine so höchst wichtige Angelegenheit erkundiget, überhaupt aber den Feldbau einer nähern Untersuchung und Aufsicht gewürdiget hätte.

Der Welt bekandt Ritter Linne bemerkt es auch mit gutem Grunde bey den gegenwärtigen Anstalten fast in allen Reichen und Staaten von Europa dem Feldbau durch eine vortheilhaftere Einrichtung und bessere Besorgung aufzuhelffen, und die Producte desselben zur Erleichterung des allgemeinen Unterhalts wie aller Nahrung zu vermehren, als einen grossen Fehler und eine Haupturache an, daß eine so hochwichtige Unternehmung noch keinen erwünschtern Fortgang gehabt, daß man bey solcher keine besondere Aufseher über die Land und Herrschaften bestelle, und zwar in der Zahl, je nachdem dieselbe groß oder klein wäre, welche alle Felder besichtigten, die Ernde von jeder Art Getreide aufzeichneten, die Anzahl der Morgen oder Jaucharten, die Düngung, das Vieh nach seinen verschiedenen Arten, das Gehölze und die Waldungen, das ungebaute Land, wem das alles gehöret, und wie viel der Menschen von allen Ständen und Altern sind, diejenige, die sich in einem besondern Stücke des Feldbaues hervor thäten, anzeigten, und die Stuffe der Vollkommenheit, zu welcher sie es darinn gebracht genau bemerkten. Denen dann, die sich vor andern hierinn ausgezeichnet, wünschte er, daß ihnen Prämien zuerkandt würden, die in Geld bestehen könnten, und zwar in gewissen Fällen in grössern Summen die ihnen gegen billiche Zinse gelüfert werden könnten. Er hält nicht ohne gute Gründe dafür, daß ein emsiger Landmann sein Land weit besser und auch davon weit mehr anbauen würde, wann er mehr Geld hätte, wie es dann eine so höchst wichtige Sache für jedes gemeine Wesen ist, daß ein solcher Mann das Geld bekomme, so er zur Vermehrung seiner Feldarbeiten braucht, daß er dafür hält, daß es allenfahls zur Unterstützung des Landbaues durch eine allgemeine Auflage erhoben werden sollte. Dann kleine Summen die auf solche Art angewendet worden, würden eine noch grössere Wirkung haben und die Nacheyferung unter allen übrigen Landleuten erwecken. Die meiste würden alle ihre Kräfte anwenden, eben dergleichen

Preiſe zu erhalten, und da alle Jahre ſo viele wür⸗
den ausgetheilt werden, würde in wenigen Jahren
jede Landſchaft die gute Früchte davon einernden.

Durch dieſe Mittel würde auch jede Regie⸗
rung und Obrigkeit den Zuſtand ihrer Land und
Herrſchaften erfahren, den Grad derſelben Werth ein⸗
ſehen, das Verhältnis des angebauten Landes und deſ⸗
ſen verſchiedene Beſchaffenheit, und mit einem Worte
alles wiſſen, was für die häußliche Würthſchaft
jeder Landſchaft von ſicherer und groſſer Wichtigkeit
iſt. Dieſes würde jeder Regierung eine ſolche Ein⸗
ſicht verſchaffen, die von unendlichem Nutzen für ſie
ſeyn müßte, um ſie allemahl auf die Maasreglen zu
leiten, die ganz gewiß allen Uiblen, die man ent⸗
deckte, abhelffen würden.

Die bißherige Erfahrung hat gelehret, daß die
dißfahls ergangene Geſetze, Anordnungen und Befeh⸗
le in den meiſten Staaten von Europa bekandt ge⸗
macht worden, um den Landbau und die Bevölke⸗
rung zu befördern, ſehr wenig gewirkt haben, und
dieſes aus keiner andern Urſache, als daß man ehe
heilen wollte, bevor man die Krankheit wußte.

Hingegen würde eine ſolche jährliche Beſichti⸗
gung von erfahrnen und geſchickten Männern, wie
vorgemelt, eine deutliche Einſicht in die Beſchaffen⸗
heit und Urſache jeden Uibels verſchaffen, als dann
wären die Gegenmittel leicht und ſicher; und man
würde zugleich wahrnehmen, wo Beſſerungen mög⸗
lich und nöthig, wo ſie den Aufwand reichlich ein⸗
bringen, und wie ſie auf die vortheilhafteſte Weiſe
ver⸗

veranstaltet werden könnten. Vergleicht man die Vortheile eines solchen Entwurfs mit den Ausgaaben, so wird man bald gewahr werden, daß jene ungleich grösser sind als diese. Man muß dahero billich erstaunen, daß man selbst bey erleuchteten Nationen, die überzeugt sind, man könne den Feldbau und die nützliche Künste nicht zu sehr befördern, diese Maasreglen zu Erhaltung eines so höchst wichtigen Endzwecks noch nicht ergreiffen siehet.

Auch hierinn muß man die Weißheit der ältesten Regenten bewundern. Ausser dem was schon oben hievon angeführt worden, ist von dem Numa Pompilius einem der weisesten Könige des Alterthums, der die Pflichten eines Regenten am besten begriffen und am getreuesten erfüllet hat, bekandt, daß er das römische Gebiethe in verschiedene Quartiere getheilt habe. Man gab ihm genaue Nachricht wie solche gebauet würden, und er liesse diejenige Landleute, deren Felder am besten bestellt worden, zu sich kommen, um sie mit Lobsprüchen und Geschenken zu belohnen, da er hingegen die Nachläßige durch ernsthafte Verweise beschämte und bestrafte. Ancus Marcius der vierte römische König folgte seinen rühmlichen Fußstapfen auch hierinn, und empfohle seinen Völkern nichts so sehr als den guten Anbau der Erde und die Viehzucht. Diese Staats Maxime daurte unter den Römern sehr lange, und biß in die späthere Zeiten, so daß diejenige, die diese Pflicht vernachläßigten, sich die Bestraffung der Censoren zuzogen. Man wußte durch eine Erfahrung, die nie gefehlt hatte, daß der gute Landbau und die Viehzucht für ein Land eine sichere und unerschöpfli-

schöfliche Quelle des Reichthums und Uiberflusses
sey. Mehr anderer solcher Beyspiehle von der grossen Sorgfalt der Regenten und der angesehensten Bürgern in den alten Republicken aus der Geschichte der alten Völker nicht zu gedenken, ist aus der heiligen Schrift der vorzügliche Wohlstand des gelobten Landes bekandt, welches eine fast unzählbahre Menge Einwohner enthielt und reichlich ernährte, so bey seinem kleinen Umfang unbegreiflich wäre, wann man nicht wüßte, daß ein jeder Winkel desselben auf das Beste wäre angebauet worden.

Da nun in unsern Zeiten dergleichen Verbesserungen ohne Aufwand nicht können vorgenommen werden, und neue Auflagen zu machen, besonders in unsern Städten wegen ihren mißlichen Folgen, und weil man deren ohnehin schon zu viel hat, bedenklich fallen möchte; gleichwohl aber ein solcher Aufwand unter die nothwendigste gehört, so möchte es, wann man in einem noch nicht zu trümmer gegangenem gemeinen Wesen sonst keine andere Hülfsmittel, wie doch nicht zu vermuthen zu Bestreitung solcher Ausgaab aus findig zu machen wüßte, vielleicht keine ungerechte Ansprache in einer so höchst wichtigen Angelegenheit an die vermöglichste milde Stiftungen seyn, um hiebey einige hülfliche Hand zu leisten; und dieses um so mehr, als solches den gottseeligen Absichten der alten Stifter nicht zu wieder wäre; in dem sie ja durch solche nur den Armen, die ohne ihre Schuld in kränkliche und dürftige Umstände gerathen, eine erquickliche Versorgung zu verschaffen und ihnen ihr Elend zu erleichtern suchten. Wir
kan

kan nun dieses auf eine gründlichere Art geschehen, als wann durch einen vollkommenern und gänzlichen Anbau des Landes die Producte aller Arten vermehret, allen Bürgern und Unterthanen ihr Lebensunterhalt und Nahrungsstand wohlfeiler gemacht, vermehret und verbessert wird? Dann je schwehrer und nahrungsloser der Zustand der Städte und Dörffer nach der bißherigen Einrichtung gewesen, je mehr wurden der armen Leuten, und zwar oft ohne ihre Schuld, die nicht nur den milden Stiftungen, sondern dem gemeinen Wesen selbst zur Last fielen; wie wir dann eine Stadt kennen, die in mehr als ein Dorff mehr an Allmosen reichen muß, als man an obrigkeitlichen Abgaben, wie groß sie auch seyn mögen daraus zuruck erhält; kan man sich nun noch über die grosse Schulden und Dürftigkeit solcher Städte wundern, und wie erbärmlich muß es mit dem Feldbau und der Viehzucht solcher Dörffer aussehen? Läßt man nun den Landbau auf dem bißherigen Fuß stehen, so nimmt die Armuth in Städten und Dörffern immer mehr zu, diejenige die bey ihren nahrungslosen Umständen keine Arbeit finden und arbeiten können, ziehen aus dem Lande, und diejenige die alters halber bleiben müssen und nichts zu verdienen wissen oder nichts mehr arbeiten können, auch nicht im Stande gewesen sind, bey dem jetzigen Aufwand und verdorbenen Nahrungsstand etwas auf ihre alte Tage zuruck zu legen, müssen dann von dem gemeinen Wesen oder den milden Stiftungen haufenweise erhalten werden, sollte man sie auch zuletzt mit nichts anders als mit Wasser und Brod noch tränken und speisen können.

Eine andere Plage die den Landbau drücket, ist der auch bey ihm eingerissene Luxus; der nun so groß ist, daß fast kein Baur mehr zu Felde fährt, oder gehet, der mit seinen Kindern und Dienstleuten statt seines vormahligen gesunden Mehl- oder Haberbreyes nicht seinen Caffee zu sich nimmt; hiedurch und durch andere Mißbräuche mit der Vertheurung aller übrigen Bedürfnisse ist der Aufwand der Landleute auch in unserm Schwaben so groß geworden, daß sie behaupten, sie könnten ohne Ruin das Getreid weder um die jetzige noch weniger um die ungleich wohlfeilere Preise des vorigen Jahrhunderts ferner bauen. Dieses macht dann die Einschränkung des Gebrauchs der fremden Bedürfnisse und die Vervielfältigung der einheimischen Producte noch dringender.

Es ist bereits anderwärts bemerkt worden, wie nachtheilig die bisherige Erziehungsart unsern Reichsstädten gewesen; dieses geschah besonders auch in Absicht derer, die sich in Ansehung ihrer Geburt, Talente und Vermögensumständen Hofnung machen konnten, dereinst der Regierung der Städte vorgesetzt zu werden; zu deren weiser und vollständiger Verwaltung sie doch keine Anleitung erhielten. Legten sich schon eint und andere auf die Wissenschaften, so waren es doch nicht diejenige, die dem gemeinen Wesen den meisten Nutzen schaffen, und durch deren Anwendung man solches aus dem bisherigen Verfall herausreissen konnte.

Nun ist aber die vollständige Regierungskunst eine der mühsamsten der menschlichen Wissenschaften, und erfordert dahero ja nicht weniger einen
hin-

hinlänglichen Unterricht, wo nicht ungleich mehrern, wie man leicht erachten kan, als ein gemeines Handwerk, wann nun dieses ohne Lehrmeister nicht kan begriffen werden; soll dann die Regierungswissenschaft die ungleich schwerer und wichtiger ist, von selbst erlernt werden; und keines Unterrichts bedürftig und würdig seyn? Und dieser mangelte eben bishero fast allen Regimentspersonen in unsern Städten, und aus dieser Ursache ließ man die politische Haushaltung bey ihrer alten Einrichtung stehen, weil man sie mangel hinlänglicher Wissenschaften nicht zu verbessern wußte.

Die Verbesserung des Nahrungstandes hielt man nur in solchen Fällen nöthig, wann die eint oder andere Handwerksinnung, oder eint und andere Glieder derselben in ihren alten Freyheiten und Rechten bedrückt würden, um sie solchenfalls klagloß zu stellen.

Dieser Mangel in den nöthigen Cameralwissenschaften herrschte nicht nur unter den Gelehrten, die einem Stadtmagistrat vorgesetzt waren, sondern auch unter denen die aus dem Kaufmannsstande zu gleicher Würde und Bedienung gelangten. Ihre Einsichten und Erfahrung in den Kaufmannsgeschäften mochten sich erstrecken, so weit sie wollten, so dienten sie doch nicht neue Plans zu besserer Einrichtung der einheimischen Landwirthschaft Industrie, wie deren Vermehrung nicht nur zu entwerffen, sondern solche Entwürffe zu stande zu bringen, wozu Wissenschaft und Erfahrung nöthig sind.

Wann

Wann auch das eint oder andere Regiments, glied seine Einsichten, wie doch sehr selten geschah, durch eigenes Nachdenken, oder durch anderer Belehrung vermehrt hatte, so konnte dieses für sich allein nichts ausrichten, wann nicht die übrige Räthe ihre Talente auf die gleiche Weise erweitert, und die gute Gesinnungen und Anschläge ihrer Vorsteher unterstützt und befördert hatten; welches aber unmöglich geschehen konnte, weil es den andern an gleich erlangten Belehrungen und Einsichten mangelte, es konnte viel eher zu allerhand Wiedersprüchen Anlaß geben, wann auch alle die gleiche redliche Gesinnungen hegten.

Alle diese Schwierigkeiten würden grösten theils gehoben, wann die Jugend nach der Verschiedenheit ihres künftigen vermuthlich oder gewissen Berufs und Standes einen demselben angemessenen Unterricht erhielt, und dieser so beschaffen wäre, daß er sich mit denen verschiedenen Einrichtungen vertrüge, in die dereinst die junge Leute gesetzt werden könnten, in welchem Falle es an geschickten und klüglich unterrichteten Bürgern sowohl in als ausser dem Regentenstande selten fehlen, und zur Aufnahme des gemeinen Wesens, wie man leicht erachten kan, das meiste beytragen würde; wie es dann auch Erkenntnisse giebet, die jedem gesitteten Bürger ohne Unterschied seines künftigen Berufs bekandt gemacht werden sollten, in welchem sie gleichwohl auch bishero unwissend geblieben. —

Doch sollte wie gedacht, der Unterricht vorzüglich auf solche Sachen gerichtet werden, die sich auf

auf den Beruf, den ein junger Mensch ergreiffen, oder dereinst wahrscheinlich bekommen möchte, bezögen; indem ja höchst ungereimt ist, daß 10, 20. biß 30. Knaben, von denen ein Theil derselben die Hofnung vor sich hat, dereinst an das Regiment ihrer Vatterstadt gezogen zu werden, sich aber neben zu einem andern Beruf zu ihrem Unterhalt wiedmen, mit andern von denen fast ein jeder wieder einer andern Handthierung bestimmt wird, einerley Unterricht haben, und mit Sachen geplagt werden sollen, die den wenigsten unter ihnen in der Zukunft etwas nutzen.

Wie kan man nun von den ersten erwarten, wann sie die Stadtregimentsgeschäfte antretten, daß sie Anstalten und Verfügungen zur Aufnahme der Bürger und Unterthanen treffen sollen, die solche Einsichten und Wissenschaften erfordern, zu deren Erlangung sie und ihre Räthe niemahls angeführt worden. Dieser fehlerhafte Unterricht ist bißhero allgemein auf den Gymnasien und andern niedern Schulen gewesen.

Da nun wie anderwärts bemerkt worden, noch in keinem Zeitpuncte und so allgemein eyfrig an der Verbesserung der öffentlichen Erziehung sowohl in catholischen als protestantischen Landen gearbeitet worden, als in dem gegenwärtigen, so werden nun hoffentlich und ohne Zweifel auch die meiste sonst patriotisch genug gesinnte Regenten unserer Städte durch so rühmliche Beyspiele gereizt werden, ihnen preiswürdigst nachzuahmen, und hiedurch ihre gute Gesinnungen auf eine gleich deutliche Weise zur

Be-

Beförderung der zeitlichen Wohlfarth ihrer Bürger und Unterthanen an den Tag zu legen, mithin auf eine gleich nöthige Reformation ihrer Schulen um so eher bedacht seyn, als eben dergleichen kleine Republicken und Staaten selbe vorzüglich nöthig haben.

In den grössern Staaten hat man bißhero, ohn geachtet des bisherigen allgemein mangelhaften Unterrichts, doch selten an einsichtsvollen Männern so grossen Mangel gehabt, als in unsern Städten; in jenen bildeten sie sich zuweilen selbst so vollkommen, daß man ihnen oft die ganze Umschmelzung der politischen Oekonomie ihres Landes zur Vermehrung der öffentlichen Einkünfte und der Nahrung und Gewerbe der Unterthanen zu danken hatte; nicht zu gedenken, daß sich grosse Staaten ausser dem auch leichter selbst bey ihren Kräften erhalten als kleine, und die Verwaltung dieser letztern ist mit weit grössern Schwierigkeiten begleitet, als man es bishero mag geglaubt haben, und eben dahero haben ihre Vorsteher eine genaue Einsicht in die Oekonomie und Cameralwissenschaft unentbehrlich nöthig, wo sie anderst das gemeine Wesen im Wohlstand und bey Ehren erhalten, und ihre Pflichten gehörig erfüllen wollen. Sie bedürffen dahero der Cameral- und Finanzcollegien so sehr, als die Höfe und andere Regierungen, die sich aus der bessern Einrichtung und Verpflegung der Stadt und Landwirthschaft ein eigenes und beständiges Geschäfte machen; daß nun auch die Mitglieder solcher Collegien mit denen dazu nöthigen Wissenschaften begabet seyn müssen, daran wird nun wohl kein Vernünftiger zweiflen. Insonderheit muß solche

der-

derjenige in einem vorzüglichen Grade besitzen, der in solchen Collegien den Vorsitz und das Directorium hat. Dieser sollte im Stande seyn, jeden Verbesserungsvorschlag gehörig zu beurtheilen, und den ganzen Plan zu entwerffen, nach welchem die öffentliche Haußhaltungsreformation nach vorwaltenden Umständen auf das gründlichste und sicherste vorzunehmen seyn möchte; zu dem Ende ein solcher Präses eine hinlängliche Kenntniß von seiner Vaterstadt und ihrer Landschaft nach ihren Naturgaben und Kräften, wie auch Fähigkeit, Einsicht und Erfindungskraft zur guten Anwendung und Verbesserung derselben besitzen, und zugleich in einer so höchst wichtigen Angelegenheit durch die gute Räthe seiner nicht unwissenden Collegen, wie durch ihre gleich redliche Gesinnungen, Liebe und Zuneigung unterstützt werden muß.

Es fehlet heut zu tage weder an Gelegenheiten noch Anleitungen zu Erlangung solcher Wissenschaften und Anlegung guter Realschulen zum allgemein vortheilhaftern öffentlichen Unterricht der bürgerlichen Jugend nach Verschiedenheit ihres künftigen Standes und Gewerbes; es wird nun darauf ankommen, ob man in unsern Städten selbe werde zu benutzen suchen; es ist weder thunlich noch unsers Berufs in nähere Erklärungen oder Vorschläge hierüber einzutretten.

So viel wird inzwischen nunmehro ausser Streit gesetzt seyn, daß eben der bisherige mangelhafte Unterricht der Jugend mehr als in einem Betracht ein grosses mit mehr andern Haupursachen zu dem

Verfall der Städte beygetragen habe; weil selten jemand vorhanden war, durch die Verbesserung des Nahrungstandes der Bürger und Unterthanen, und die dahero fliessende Vermehrung der öffentlichen Einkünfte dem gemeinen Wesen aufzuhelffen.

Man hat zwar diese Vermehrung eben nicht überall aus der acht gelassen; es geschahe aber gemeiniglich wie in mehr andern schlecht verwalteten Staaten auf eine solche Weise, die wie die bißherige Erfahrung gelehrt hat, nur zu ihrem immer weitern Verfall diente. Dann je nach Maasgabe die Ausgaaben zu, hingegen die Einnahmen abnahmen, je häuffiger wuchsen die Schulden, und die davon fallende Zinse an, zu deren Bestreitung wie zu andern öffentlichen Ausgaben, bloß die Steuren, Abgaben und Accise auf die Bürger und Unterthanen ohne Rücksicht auf ihre gute oder schlechte Nahrungsumstände gelegt wurden; hiemit wurden dann Land und Leute nicht weniger dann durch den Luxus ausgesogen, und die Accise stiegen so hoch, daß die Bürger in mehrern Städten die Klage führen, daß sie nicht allein aus Gewinnsucht der Bierbrayen, sondern wegen der hohen Accisen keinen guten Trunk Bier mehr bekommen können, und dahero oft in die benachbahrte Herrschaften gehen, wann sie ein bessers haben wollen, nicht zu gedenken, daß sie alle andere Bedürfnisse vertheurten, den Lebensunterhalt erschwehrten, und alles Aufkommen hinderten, wie solches schon anderwärts angemerkt worden.

Es hat aber diese Art die öffentliche Einkünfte zu vermehren ihren Credit solchermaßen verlohren, daß sie nun fast durchgehends, wie billich, verachtet wird; sie hatte auch in einigen unserer Reichsstädte so kläglichen Folgen (weil sie bey der allgemeinen Unwissenheit in die wahre Finanzwissenschaft kein besseres Mittel wußten) daß man endlich allerhöchsten Orts genöthiget wurde, eine nähere Einsicht in ihre Oekonomie und Debitwesen vornehmen zu lassen. Die Vermehrung der offentlichen Einkünfte durch die vortheilhaftere Einrichtung und Besorgung des Landbaues und die dadurch erzielende Vermehrung der Producte Industrie und Gewerbe ist dahero für unsere Reichsbürger um so unentbehrlicher, als ihnen kein anderer Ausweg sich aus ihrem Verfall nach und nach heraus zu reissen übrig bleibt. Und hiezu sollten sie dann nicht sowohl durch den patriotischen Eyfer ihrer Regenten und deren gewissenhafte Erfüllung ihrer auf sich habenden Obligenheiten, als durch die Betrachtung angetrieben werden, daß die Beförderung der zeitlichen Wohlfarth ihrer eigenen Familien sowohl der höhern als geringern von der Beförderung des künftigen Wohl oder Wehes jeder Stadt abhange, und daß die Wiederherstellung des einten und die Verminderung des andern für die Nachkommen gänzlich in ihrer Macht und Willkühr stehe, auch solches eine der rühmlichsten und verdienstvollesten Unternehmungen jeder bürgerlichen sowohl als anderer Regierung, und endlich dabey so beschaffen sey, daß sie die menschliche Kräfte nicht übersteige, wann sie mit gehörigem Eyfer und Muth vorsichtig und mit den dazu nö-

nöthigen Einsichten und Wissenschaften vorgenommen wird.

Es ist übrigens der letzte und innigste Wunsch des Verfassers, daß der Allerhöchste, der auch die Herzen der Regenten in seiner Gewalt hat, und selbe lenken kan wie die Wasserbäche, ihnen selbst die beste Gesinnungen und Einsichten zu vollständiger Erfüllung der von ihnen übernommenen schwehren Regimentspflichten verleihen, und sie erwecken wolle, solche Entschlüsse zu fassen, wie sie die gewissenhafte Beförderung des gemeinen Besten nach jeden Orts besonderen Umständen und den Bedürfnissen jetziger Zeit im ganzen erheischen, und daß er deren Vollziehung nicht nur zur Auffnahm unserer Reichsstädte, sondern des gesammten geliebten Vaterlandes überhaupt, biß auf die späteste Zeiten mit stetem Fortgang und Seegen begleiten und bekrönen wolle!

Verbesserungen der erheblichsten Druckfehler.

S. 1   Linie 5   liese 1714.
9 ——— 18 ——— Fasttagen
12 ——— 5 ——— 1483.
20 ——— 10 ——— 1. Merz
24 ——— 28 ——— 1653.
181 ——— 5 ——— zu Bologna
183 ——— 24 ——— Raggionamenti.
192 ——— 23 ——— unverdorbene
238 ——— 8 ——— nächst benachbahrten]
295 ——— 20 ——— Wissenschaften
301 ——— 22 ——— den
325 ——— 29 ——— derjenige
260 ——— 20 ——— im ersten Theil
384 ——— 28 ——— fast insgesamt
385 ——— 2 ——— weder mit denen alten noch mit denen